CADERNO DE ATIVIDADES

5

Organizadora: Editora Moderna
Obra coletiva concebida, desenvolvida e produzida pela Editora Moderna.

Editora Executiva:
Maíra Rosa Carnevalle

NOME: ....

....TURMA: ....

ESCOLA: ....

....

1ª edição

© Editora Moderna, 2019

Elaboração de originais:

Laís Alves Silva
Bacharel em Ciências Biológicas pela Universidade São Judas Tadeu. Licenciada no Programa Especial de Formação Pedagógica de Docentes para as Disciplinas do Currículo do Ensino Fundamental (quatro últimas séries), do Ensino Médio e da Educação Profissional em Nível Médio pela Universidade Católica de Brasília. Editora.

Coordenação editorial: Maíra Rosa Carnevalle
Edição de texto: Ofício do Texto Projetos Editoriais
Assistência editorial: Ofício do Texto Projetos Editoriais
Gerência de *design* e produção gráfica: Everson de Paula
Coordenação de produção: Patricia Costa
Suporte administrativo editorial: Maria de Lourdes Rodrigues
Coordenação de *design* e projetos visuais: Marta Cerqueira Leite
Projeto gráfico: Adriano Moreno Barbosa, Daniel Messias, Mariza de Souza Porto
Capa: Bruno Tonel
  Ilustração: Raul Aguiar
Coordenação de arte: Wilson Gazzoni Agostinho
Edição de arte: Teclas Editorial
Editoração eletrônica: Teclas Editorial
Coordenação de revisão: Elaine Cristina del Nero
Revisão: Ofício do Texto Projetos Editoriais
Coordenação de pesquisa iconográfica: Luciano Baneza Gabarron
Pesquisa iconográfica: Ofício do Texto Projetos Editoriais
Coordenação de *bureau*: Rubens M. Rodrigues
Tratamento de imagens: Fernando Bertolo, Joel Aparecido, Luiz Carlos Costa, Marina M. Buzzinaro
Pré-impressão: Alexandre Petreca, Everton L. de Oliveira, Marcio H. Kamoto, Vitória Sousa
Coordenação de produção industrial: Wendell Monteiro
Impressão e acabamento: HRosa Gráfica e Editora
Lote: 287964

Dados Internacionais de Catalogação na Publicação (CIP)
(Câmara Brasileira do Livro, SP, Brasil)

Buriti plus : ciências : caderno de atividades / organizadora Editora Moderna ; obra coletiva concebida, desenvolvida e produzida pela Editora Moderna ; editora executiva Maíra Rosa Carnevalle. — 1. ed. — São Paulo : Moderna, 2019.

Obra em 4 v. para alunos do 2º ao 5º ano.
Ensino fundamental, anos iniciais.
Componente curricular: Ciências
Bibliografia.

1. Ciências (Ensino fundamental) I. Carnevalle, Maíra Rosa.

19-24573   CDD-372.35

Índices para catálogo sistemático:
1. Ciências : Ensino fundamental 372.35

Maria Paula C. Riyuzo — Bibliotecária — CRB-8/7639

ISBN 978-85-16-11915-7 (LA)
ISBN 978-85-16-11916-4 (LP)

Reprodução proibida. Art. 184 do Código Penal e Lei 9.610 de 19 de fevereiro de 1998.
Todos os direitos reservados
EDITORA MODERNA LTDA.
Rua Padre Adelino, 758 – Belenzinho
São Paulo – SP – Brasil – CEP 03303-904
Vendas e Atendimento: Tel. (0__11) 2602-5510
Fax (0__11) 2790-1501
www.moderna.com.br
2020
Impresso no Brasil

1 3 5 7 9 10 8 6 4 2

Apresentação

CARO(A) ALUNO(A)

Fizemos este Caderno de Atividades para que você tenha a oportunidade de reforçar ainda mais seus conhecimentos em Ciências.

No início de cada unidade, na seção **Lembretes**, há um resumo do conteúdo explorado nas atividades, que aparecem em seguida.

As atividades são variadas e distribuídas em quatro unidades, planejadas para auxiliá-lo a aprofundar o aprendizado.

Bom trabalho!

Os editores

Sumário

Unidade 1 • Recursos naturais e consumo consciente 5
Lembretes 5
Atividades 6

Unidade 2 • Energia no dia a dia 19
Lembretes 19
Atividades 21

Unidade 3 • Funcionamento do corpo humano 32
Lembretes 32
Atividades 34

Unidade 4 • O céu à noite 45
Lembretes 45
Atividades 46

A usina de Itaipu é uma das maiores do mundo. Fica na fronteira entre Brasil e Paraguai. Ela sozinha fornece energia para grande parte do Brasil e para quase todo o Paraguai.

UNIDADE 1 — Recursos naturais e consumo consciente

Lembretes

Recursos naturais

- Os recursos naturais são extraídos da natureza e usados pela população humana.
- Os recursos naturais podem ser classificados em renováveis e não renováveis.

Água, um recurso renovável

- Estados físicos da água na natureza: gasoso, sólido e líquido.
- Cerca de 96% da água no planeta é salgada e apenas 4% é doce.
- A água é necessária em diversas atividades do dia a dia.
- A água precisa ser utilizada sem desperdício.
- O descarte de resíduos nas águas pode causar problemas que afetam os seres vivos e o ambiente.
- Etapas do tratamento da água: captação, floculação, decantação, filtração, cloração e distribuição.

ILUSTRAÇÕES: CARLOS ASANUMA

O ciclo da água

- A água na natureza está em constante movimento, passando de um estado físico para outro. Esse movimento é chamado ciclo da água.
- O ciclo da água pode interferir na geração de energia, no clima, na agricultura e no provimento de água potável.

Consumo consciente

- O consumidor consciente avalia o impacto que seu consumo pode causar ao meio ambiente e à vida das outras pessoas.
- O lixo enviado para os lixões é acumulado sem nenhum cuidado. Já o lixo enviado para os aterros sanitários recebe um tratamento adequado.
- A reciclagem consiste em utilizar o material que compõe os objetos jogados no lixo para produção de novos materiais.

Atividades

1 Marina quer escolher um combustível que cause menos impacto ao ambiente para abastecer seu automóvel. Analise as informações da tabela e depois responda às perguntas.

Combustível	Recurso natural	Renovável ou não renovável
Gasolina	Petróleo	Não renovável
Álcool	Cana-de-açúcar	Renovável

a) Qual combustível Marina deve escolher? Justifique.

_____

_____

b) Assinale o quadro que apresenta todos os recursos encontrados na natureza necessários para a produção de cana-de-açúcar.

☐ Água, solo, luz solar e ar.

☐ Água, solo, minérios e outras plantas.

☐ Solo, luz solar, ar e petróleo.

☐ Solo, minérios, luz solar e ar.

c) Assinale a resposta que classifica corretamente os recursos em renováveis e não renováveis.

☐ A luz solar, o ar, o solo e a água são recursos naturais renováveis. Em outras palavras, eles não se esgotam pelo uso ou podem ser renovados pela ação da natureza ou pela ação humana.

☐ A luz solar, o ar, o solo e a água são recursos naturais renováveis. Porém, o solo e a água podem se esgotar se usados de forma incorreta. O solo bem manejado pode ser usado por bastante tempo. Devemos economizar água para que nunca falte.

☐ A luz solar e o ar são recursos naturais renováveis, ou seja, não se esgotam pelo uso. O solo e a água são recursos naturais não renováveis, ou seja, levam milhões de anos para se formar na natureza e podem se esgotar com o uso excessivo.

2 Siga as setas e descubra diferentes meios de transporte.

Ô	ME	DE	TU	SO	UM	NA	MI	CE	BI
NI	BUS	CA	SE	ME	BA	SI	TR	EM	BO
LÉ	E	BI	PU	TRÔ	DE	LHA	TE	VI	ES
TRI	CO	NHO	CI	CLE	GI	MIM	AS	FI	HO
XI	BA	JO	DO	TA	RA	TI	ZE	LU	PE
I	LU	MA	BA	RE	VA	O	DA	VE	QUE

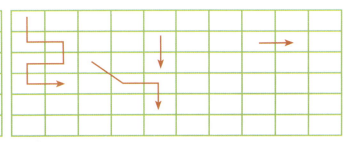

a) Escreva os meios de transporte que você descobriu.

_____

_____

b) Levando em conta a extração de recursos naturais, explique por que esses meios de transporte são menos prejudiciais ao ambiente do que os automóveis comuns.

_____

_____

_____

_____

3 Observe a imagem de um produto industrializado. Pinte os quadros que apresentam recursos naturais utilizados na composição desse produto.

Madeira	Água	Solo
Alumínio	Petróleo	Gás natural
Ar	Luz solar	Carvão mineral

• Agora, complete as frases utilizando as palavras que você assinalou.

b) Os recursos naturais utilizados no cultivo da goiaba são: _____,

_____, _____ e _____.

a) O _____ é um recurso natural extraído de minerais.

4 Observe a imagem e identifique os três estados físicos nos quais é possível encontrar água na natureza.

- Agora, use os números para fazer a correspondência entre cada estado físico da água e suas características.

☐ Compreende a maior parte da água na Terra. A água de rios, lagos e oceanos encontra-se nesse estado físico.

☐ O vapor de água encontrado na atmosfera é a água no estado gasoso.

☐ A água está presente nesse estado físico nas regiões polares, nos *icebergs* e no topo de altas montanhas.

5 Observe a imagem.

Distribuição da água na Terra

- Assinale as afirmações corretas.

☐ **a)** As gotas azuis-claras representam a quantidade de água salgada e as gotas azuis-escuras representam a quantidade de água doce.

☐ **b)** A água salgada é encontrada nos oceanos e é imprópria para o consumo humano. A quantidade de água disponível para consumo humano é muito pequena.

☐ **c)** A água doce existente pode ser encontrada em geleiras e gelo polar, águas subterrâneas, lagos e rios, atmosfera e biosfera.

☐ **d)** As afirmativas a, b e c estão corretas.

6 Marcela e Sofia estavam conversando por uma rede social. Leia o diálogo das meninas e complete-o com a brincadeira proposta por Sofia.

1 _____
2 _____
3 _____
4 _____
5 _____
6 _____
7 _____
8 _____

7 A poluição das águas é problema de todos os cidadãos? Explique como podemos evitar esse tipo de poluição.

_____
_____
_____

8 Acompanhe as instruções a seguir para realizar uma rodada do jogo "Usos da água". Em seguida, faça o que se pede.

a) Escolha 5 números de 1 a 6 e marque-os abaixo.

☐ ☐ ☐ ☐ ☐

USOS DA ÁGUA

Você lavou a louça com a torneira aberta. Perca 15 pontos.

Você lavou o carro utilizando um balde. Ganhe 20 pontos.

Você encontrou um vazamento na rua e avisou a empresa responsável pelo abastecimento de água. Ganhe 30 pontos.

Parada para se hidratar. Nesta rodada você não ganha nem perde pontos.

Em vez da vassoura, você usou a mangueira para limpar a calçada. Perca 25 pontos

Você tomou um banho de 5 minutos. Ganhe 25 pontos.

Você não limpou os pratos e panelas antes de lavá-los. Perca 10 pontos.

A falta de chuva e as más atitudes da população em relação ao uso da água levaram ao racionamento de água na cidade. Perca todos os pontos.

ILUSTRAÇÕES: CARLOS ASANUMA

10

b) No tabuleiro "Usos da água", ande o número de casas de cada número escolhido. Vá somando ou subtraindo os pontos obtidos em cada rodada. Se a quantidade de escolhas não for suficiente para finalizar o tabuleiro, repita os números escolhidos.

- Quantos pontos você obteve ao final do percurso?

___

- No tabuleiro, pinte de verde as casas que apresentam atitudes que geram a economia de água e de vermelho as casas que mostram ações que ocasionam o desperdício de água.

___

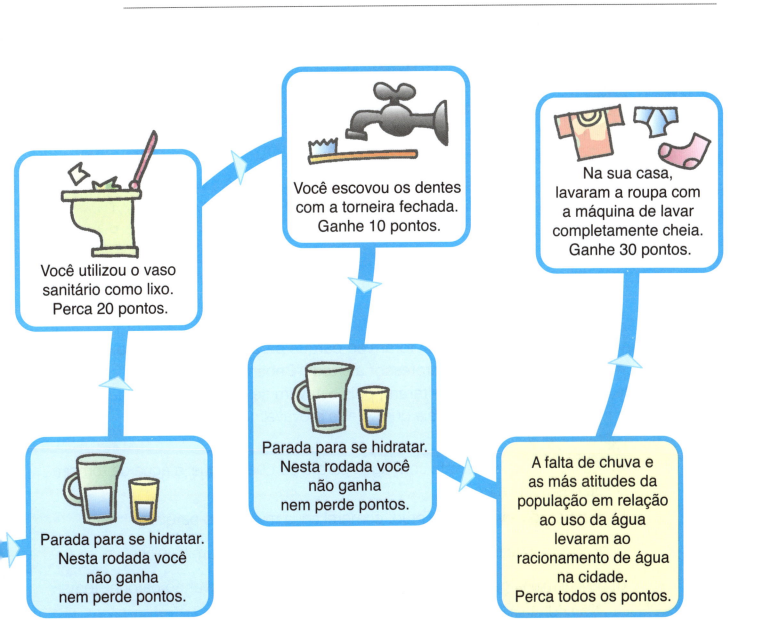

9 Encontre no diagrama as palavras correspondentes às frases a seguir. Elas descrevem as etapas de tratamento de água.

> **1.** Nessa etapa, a água é bombeada das represas ou dos rios para as estações de tratamento de água.
>
> **2.** Essa etapa consiste na mistura de algumas substâncias à água, que aderem à sujeira e formam flocos.
>
> **3.** É a etapa em que os flocos de sujeira se depositam no fundo do tanque e são separados da água.
>
> **4.** Etapa em que a água passa por filtros, onde as partículas menores ficam retidas.
>
> **5.** Nessa etapa, a água recebe cloro, que mata os microrganismos.
>
> **6.** É a etapa final, na qual a água segue por canos e chega às moradias.

E	N	N	E	T	F	I	A	L	H	H	I	A	K	R	T	S	G
N	C	M	D	E	N	I	I	A	I	E	C	S	D	I	I	A	T
E	A	L	I	T	E	C	L	O	R	A	Ç	Ã	O	W	S	R	I
E	M	A	S	O	T	O	R	T	E	E	K	O	E	E	T	N	R
T	L	U	E	C	D	I	S	T	R	I	B	U	I	Ç	Ã	O	U
S	S	P	H	A	U	I	O	D	E	A	S	H	L	W	T	R	A
N	Y	K	D	E	S	H	A	A	E	D	Ç	S	O	W	I	S	D
N	Y	T	M	R	I	D	T	N	E	O	P	Ã	R	D	L	U	T
N	L	Y	H	D	E	C	A	N	T	A	Ç	Ã	O	E	I	T	P
C	A	P	T	A	Ç	Ã	O	R	O	T	C	E	I	I	O	O	Y
H	P	G	I	A	V	N	T	D	F	D	E	E	T	E	C	F	I
C	M	E	F	F	L	O	C	U	L	A	Ç	Ã	O	S	A	E	I

10 Os alunos da Escola Cora Coralina foram ao parque para uma atividade de campo. Fazia um dia de muito calor e o professor alertou: "Bebam bastante água!". No dia seguinte, dois alunos da turma faltaram, pois estavam se sentindo mal.

- Leia o relato dos alunos e assinale quais deles provavelmente beberam água contaminada.

  ☐ **a)** "Eu levei a minha garrafa com água para o parque. Peguei a água da torneira de casa, que é limpa".

  ☐ **b)** "Esqueci de levar água. Então, comprei água mineral no parque".

  ☐ **c)** "Bebi água de um lago que tem no parque, a água é bem limpinha".

  ☐ **d)** "Enchi minha garrafa com água filtrada e fervida para levar ao parque. Tomei essa água".

11 Pinte da mesma cor os quadros que, juntos, formam afirmativas corretas sobre as mudanças de estado físico da água no ciclo hidrológico.

| Na evaporação | ocorre quando as gotas de água que formam as nuvens, no estado líquido, transformam-se em neve e granizo (estado sólido). |

| A condensação | consiste na transformação do vapor de água (estado gasoso) em gotículas de água (estado líquido), que formam as nuvens. |

| A solidificação | a água do solo, dos oceanos, rios e lagos passa do estado líquido para o gasoso, formando o vapor de água que vai para a atmosfera. |

12 Leia o quadrinho a seguir e responda à questão.

- A formação de nuvens indica a possibilidade de chuva? Explique citando o ciclo da água.

_____

_____

13 Esta é a previsão do tempo para o município de Bom Jardim da Serra, na cidade de Santa Catarina. Sabendo que a água se solidifica à temperatura de 0 °C, é possível que neve em qual dos dias mostrados?

Sexta-feira	Sábado	Domingo
18 °C	12 °C	−1 °C

_____

14 Observe as imagens e assinale com um **X** as principais diferenças entre elas.

- Qual é a importância da vegetação para o ciclo da água?

_____

_____

_____

_____

15 Complete a tirinha a seguir desenhando o que pode acontecer se forem realizadas construções em morros onde a vegetação foi removida.

16 Siga as coordenadas que indicam as letras no diagrama e descubra algumas maneiras de preservar os mananciais.

	A	B	C	D	E	F	G	H	I	J
1	F	Q	E	N	W	Q	T	T	J	Ã
2	J	B	W	R	A	K	X	P	M	N
3	O	P	H	A	L	Z	C	Y	F	C
4	S	V	E	S	F	V	C	R	N	E
5	L	I	T	D	O	Z	M	X	I	Ç
6	D	H	U	Y	G	G	U	K	B	Á

a)

B5	I2	B3	C1	A6	I5	D2		E5

A6	C4	A4	G5	D3	C5	E2	G5	C1	I4	G1	E5

b)

B3	A5	E2	D1	C1	A2	E2	D2		E2

G3	E2	B3	C5	E2	J5	J1	E5		D5	C1		J6	E6	C6	E2

c)

C5	D2	E2	C5	E2	D2		E5		C1	A4	F6	E5	C5	E5

- Cite outras maneiras de preservar os mananciais.

_____

_____

_____

17 Assinale a opção correta para cada frase.

| O ciclo da água | pode influenciar o clima. | não tem nenhuma relação com o clima. | pode influenciar o clima somente da Amazônia. |

| O clima é determinado | pelo Rio Amazonas. | pela direção do vento. | em grande parte, pelas chuvas. |

| A chuva de uma região | vem somente daquela localidade. | pode vir de localidades distantes. | sempre vem da Amazônia. |

| Os rios voadores | são carregados de umidade gerada pela transpiração da vegetação da Amazônia. | são formados por muitas cachoeiras. | são carregados de água do Rio Amazonas. |

18 Circule os materiais a seguir com a cor correspondente ao recipiente em que o lixo deve ser depositado para reciclagem.

16

19 Observe a imagem. Encontre e circule três atitudes de um consumidor consciente.

- Observe o garoto saindo do supermercado. Para embalar as compras, você utilizaria esse mesmo tipo de sacolas? Justifique.

_____
_____
_____
_____
_____

20 Observe as imagens e responda às questões.

a) Relacione essas imagens às suas respectivas legendas, que indicam o local.

☐ Aterro sanitário em Jacareí (SP), em 2018.

☐ Lixão em Brasília (DF), 2018.

b) Indique **A** para as frases que se referem aos aterros sanitários e **L** para as frases que se referem aos lixões.

☐ O lixo é acumulado sem nenhum cuidado, atraindo ratos, baratas e outros animais, que podem causar doenças às pessoas.

☐ São terrenos a céu aberto.

☐ Os gases liberados pelo lixo em decomposição e o chorume são coletados e recebem um tratamento adequado, causando menor impacto ao ambiente.

☐ O chorume, líquido produzido pelo lixo, contamina o solo e os depósitos subterrâneos de água. Os gases liberados pelo lixo contaminam o ar.

☐ O lixo é colocado sobre uma camada de material impermeável para proteger o solo.

c) Cite uma maneira para diminuir a quantidade de lixo enviada para os lixões e aterros sanitários. Justifique sua resposta.

_____

_____

_____

UNIDADE 2 — Energia no dia a dia

Lembretes

O que é energia?

- Manifestações de energia: energia luminosa, energia térmica, energia elétrica, energia sonora, energia química e energia cinética.
- A energia se transforma, passando de uma forma para outra.
- Ao mudar de uma forma para outra, a energia se conserva e parte dela se degrada em formas que não são úteis, como no exemplo do ventilador ao lado.

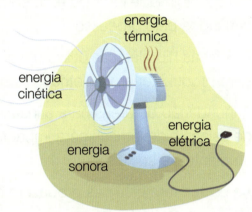

Energia térmica

- A energia térmica está relacionada à temperatura dos corpos.
- O equilíbrio térmico ocorre quando dois corpos transferem calor entre si, até que os dois atinjam a mesma temperatura.
- A energia térmica pode ser produzida a partir da luz solar ou na queima de materiais combustíveis renováveis ou não renováveis.

Troca de calor entre dois corpos até atingirem o equilíbrio térmico.

Eletricidade

- As cargas elétricas presentes em um corpo podem ser negativas ou positivas.
- A eletricidade se manifesta quando há diferença entre a quantidade de cargas elétricas em um corpo.
- O movimento das cargas elétricas através dos fios condutores forma a corrente elétrica.
- Um circuito elétrico é formado por: gerador de energia, fio condutor e aparelho.

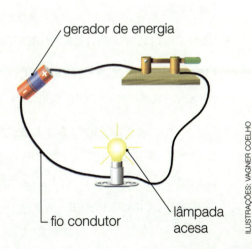

Geração de energia

- As fontes de energia podem ser classificadas em renováveis ou não renováveis.

- Ao escolher o modo de geração de energia, devem-se considerar a disponibilidade local do recurso natural e os danos ao ambiente causados pelo processo.

- As usinas hidrelétricas utilizam a energia do movimento da água para produzir energia elétrica.

- A inundação de áreas para a instalação de usinas hidrelétricas gera impactos ambientais e sociais.

- As usinas termelétricas produzem energia elétrica a partir da energia transmitida como calor.

- A queima de combustíveis para gerar calor nas usinas termelétricas polui a atmosfera.

- Fontes alternativas de energia: energia solar, energia eólica, biogás e biocombustíveis.

Propriedades dos materiais

- Propriedades físicas dos materiais: densidade, resistência ou tenacidade, dureza, elasticidade e condutibilidade térmica.

- Os ímãs possuem propriedade magnética.

- Um ímã tem duas zonas opostas, o polo norte e o polo sul.

- Os materiais podem ser classificados em condutores ou isolantes de eletricidade, de acordo com a condução de energia elétrica pelo material.

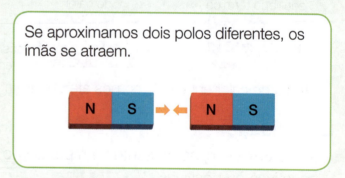

Se aproximamos dois polos diferentes, os ímãs se atraem.

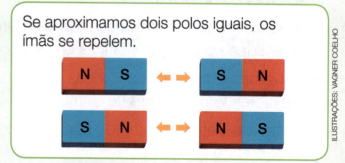

Se aproximamos dois polos iguais, os ímãs se repelem.

Atividades

1 A energia pode se manifestar de diferentes formas. Represente cada uma delas por meio de ilustrações, criando um dicionário ilustrado.

Energia luminosa

Energia térmica

Energia elétrica

Energia sonora

Energia química

2 Leia as frases e assinale somente a alternativa correta.

a) Laura e Miguel andaram de bicicleta no parque.

☐ As formas de energia envolvidas nesta atividade são a energia química e a energia cinética.

☐ A forma de energia envolvida nesta atividade é somente a energia química.

b) Igor assistiu ao filme que passou na TV.

☐ As formas de energia envolvidas nesta atividade são energia elétrica, energia sonora e energia luminosa.

☐ As formas de energia envolvidas nesta atividade são energia elétrica, energia sonora, energia luminosa e energia térmica.

c) O picolé de Letícia derreteu rapidamente.

☐ As formas de energia envolvidas nesta atividade são energia térmica e energia química.

☐ A forma de energia envolvida nesta atividade é somente a energia térmica.

3 Leia o texto a seguir.

> Paulo resolveu fazer um bolo de chocolate. Para preparar a massa, ele colocou todos os ingredientes no liquidificador e ligou o aparelho até que a mistura ficasse homogênea. Enquanto isso, ele escutava pelo rádio de seu avô a sua música preferida.
>
> Em seguida, ele acendeu o forno e levou a mistura para assar. Após 50 minutos, o bolo estava pronto! Fofinho e com um cheiro delicioso!

- Escreva as transformações de energia envolvidas nas situações descritas no texto.

_____

_____

_____

4 Observe a imagem ao lado e responda à questão.

- Quais as transformações de energia envolvidas nas situações das imagens 1, 2 e 3?

_____

_____

_____

_____

5 Trace com o lápis o caminho para sair do labirinto. Para conseguir sair, você terá que passar somente por corpos que estão em equilíbrio térmico.

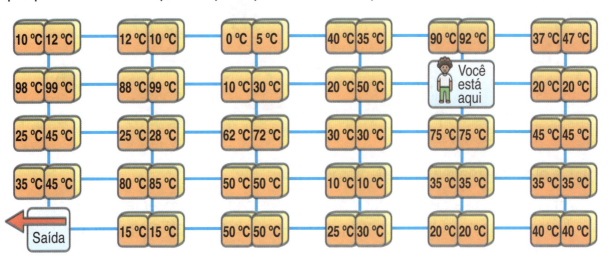

- Explique como ocorre o equilíbrio térmico.

_____

_____

6 Pinte com a sua cor preferida os quadrinhos que apresentam os recursos naturais relacionados à energia térmica.

| luz solar | água | alumínio | vegetação | gás natural | calor |
| madeira | solo | carvão | minérios | petróleo | plástico |

7 Leia as palavras do quadro com atenção.

| meia | balão | caneta | copo | toalha | pente | canudo |
| cachecol | papel | régua | lata | casaco | xícara |

- Agora, cubra o quadro com uma folha de papel e circule as imagens que correspondem às palavras que você lembrar.

a) De quantas imagens você lembrou? _____

b) As imagens a seguir representam as cargas elétricas presentes em três dos objetos ilustrados nesta página. Identifique se esses objetos estão neutros, com carga positiva ou negativa.

Caneta.   Balão.   Pente.

_____   _____   _____

c) Qual dos objetos do item b é capaz de atrair pequenos pedaços de papel? Explique.

_____

_____

8 Observe as situações a seguir.

Situação 1

Você tem: um gerador de energia (pilha), o aparelho (abajur) e o interruptor.

Modo do circuito:

Situação 2

Você tem: um gerador de energia (pilha), fios condutores, o interruptor e o aparelho (abajur).

Modo do circuito:

Situação 3

Você tem: um gerador de energia (pilha), fios condutores, o interruptor e o aparelho (abajur).

Modo do circuito:

- Em qual das situações o abajur se acende? Justifique sua escolha.

_____
_____
_____
_____
_____
_____
_____
_____

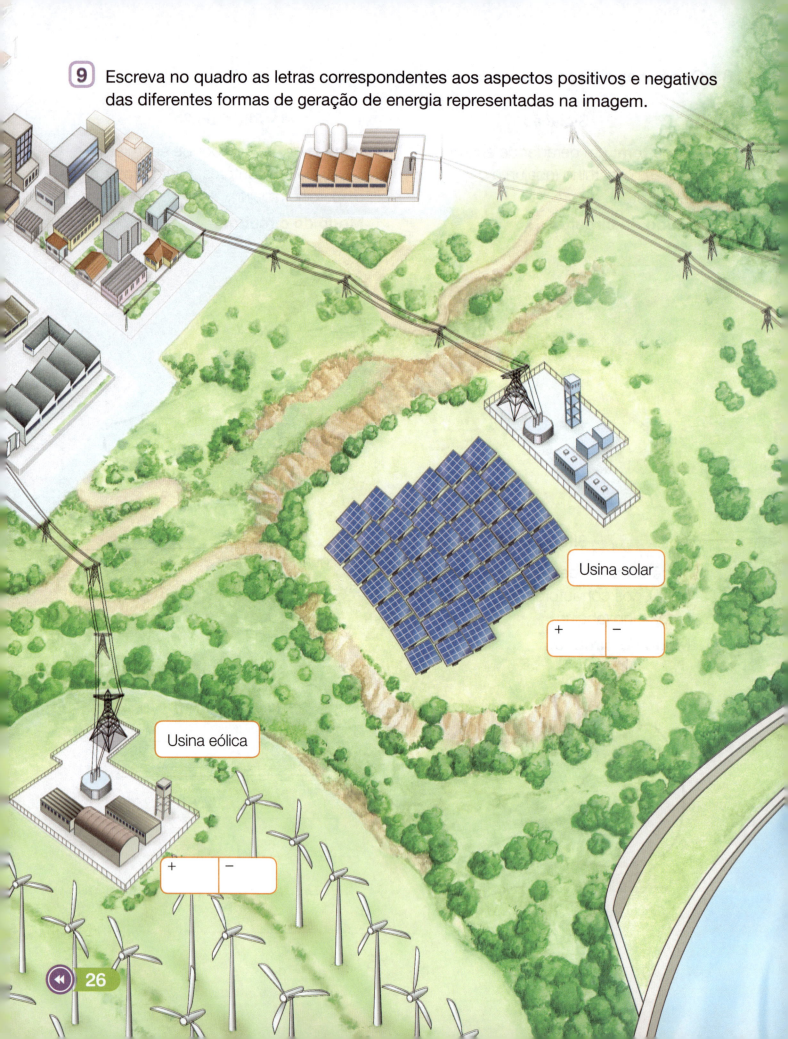

10 Volte às páginas anteriores e analise a imagem.

a) Duas fontes alternativas de energia não foram representadas. Quais são elas?

_____

b) Cite um aspecto positivo e outro negativo dessas formas de geração de energia.

_____

_____

_____

c) O que o poder público deve considerar para escolher um modo de geração de energia?

_____

_____

_____

_____

d) Pinte os ▢ da coluna da direita com as cores correspondentes aos recursos naturais utilizados nas formas de geração de energia (coluna da esquerda).

Usina hidrelétrica	Luz solar
Usina termelétrica	Urânio
Usina nuclear	Carvão mineral / Óleo *diesel* / Gás natural
Energia solar	Biomassa renovável
Energia eólica	Vento
Biogás	Água
Biocombustíveis	Matéria orgânica

11 Decifre a mensagem enigmática a seguir. Ela descreve a relação da geração de energia com as chuvas.

12 Utilizando os quadros ao lado, escreva as transformações de energia que acontecem nas usinas geradoras a seguir.

Usina hidrelétrica: _____ ➡ _____

Usina termelétrica: _____ ➡ _____ ➡

_____ ➡ _____

Usina nuclear: _____ ➡ _____ ➡

_____ ➡ _____

Usina eólica: _____ ➡ _____

Placas fotovoltaicas: _____ ➡ _____

13 Complete a tabela indicando quais dos objetos a seguir podem ser atraídos por ímãs.

- pedaço de papel-alumínio
- grafite de lápis
- moedas de valores diferentes
- elástico de cabelo
- clipe

- pedra
- palha de aço
- pedaço de papel
- apontador
- borracha

Objetos que podem ser atraídos por ímãs

30

14 Complete a cruzadinha de acordo com as descrições do quadro.

1. Material que apresenta brilho característico; é bom condutor de calor e eletricidade.
2. Material que conduz pouca ou nenhuma corrente elétrica.
3. Material elástico e impermeável, obtido do látex de árvores, como a seringueira.
4. Material que tem a capacidade de transmitir energia elétrica ou térmica.
5. Metal de cor característica castanho-avermelhada, um dos melhores condutores de eletricidade e calor.
6. É retirado de árvores, cortado e seco, geralmente utilizado como material de construção de móveis.

- Agora, na cruzadinha, desenhe um ▲ em frente aos nomes dos materiais isolantes elétricos e um ■ em frente aos nomes dos materiais condutores elétricos.

UNIDADE 3 — Funcionamento do corpo humano

Lembretes

Alimentos e nutrientes

- Nutrientes presentes nos alimentos: carboidratos, proteínas, lipídios, minerais e vitaminas.
- Categorias dos alimentos: *in natura*, minimamente processados, processados e ultraprocessados.
- Muitos alimentos *in natura* podem ser aproveitados integralmente.
- A necessidade energética de cada pessoa varia de acordo com fatores como sexo, idade, altura, nível de atividade física e peso.
- Alguns distúrbios alimentares são: anorexia, bulimia e compulsão alimentar.

Do alimento à energia

- Os sistemas trabalham de maneira integrada para manter o corpo saudável e funcionando.
- Na digestão, os alimentos ingeridos são transformados em substâncias mais simples, para que o corpo absorva os nutrientes.
- O gás oxigênio da respiração participa da transformação das substâncias fornecidas pelos alimentos em energia para o corpo.
- A entrada e saída de ar no corpo acontecem por meio dos movimentos respiratórios.
- Através do sistema circulatório, os nutrientes e o gás oxigênio são transportados para todas as partes do corpo.
- Os resíduos produzidos pelo corpo são eliminados através do sistema urinário e também do suor e da expiração.

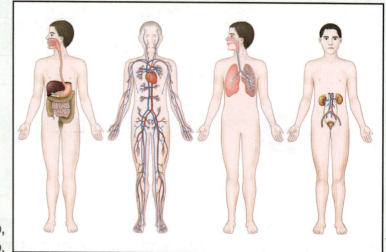

Esquemas dos sistemas digestório, circulatório, respiratório e urinário.

Coordenação do corpo

- O sistema nervoso é formado pela medula espinal, pelos nervos e pelo encéfalo.
- O encéfalo é formado por três partes principais: cérebro, cerebelo e tronco encefálico.
- Os estímulos produzem impulsos nervosos, que chegam ao cérebro por meio dos nervos.
- A forma como o sistema nervoso recebe, interpreta e responde aos estímulos é chamada coordenação nervosa.
- No ato reflexo, a medula espinal transmite uma resposta aos nervos ligados aos músculos.

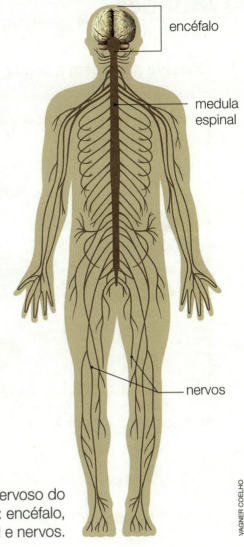

Representação do sistema nervoso do ser humano, formado por: encéfalo, medula espinal e nervos.

Mudanças no corpo

- A puberdade é o período no qual ocorrem as principais mudanças físicas no corpo de meninas e meninos, e marca o início da adolescência.
- O óvulo é a célula reprodutiva feminina e o espermatozoide, a célula reprodutiva masculina.
- A fecundação é a união das células reprodutivas masculinas e femininas.
- Se ocorrer a fecundação, o embrião poderá se desenvolver e formar um bebê.
- O período em que o bebê se desenvolve dentro do útero da mãe é chamado gestação.

Atividades

1 Observe a imagem a seguir.

a) Assinale com um **X** os alimentos do cardápio que fornecem carboidratos para o corpo.

☐ laranja ☐ salame ☐ arroz
☐ pudim ☐ macarrão ☐ pão

b) Assinale com um **X** os alimentos do cardápio que fornecem vitaminas e sais minerais para o corpo.

☐ alface ☐ brócolis ☐ abacaxi
☐ tomate ☐ laranja ☐ melancia

c) Explique por que os lipídios são importantes para o nosso corpo e cite três alimentos nos quais eles podem ser encontrados.

_____
_____
_____
_____

2 Preencha a tabela, indicando exemplos de alimentos *in natura*, minimamente processados, processados e ultraprocessados. Só não complete os espaços hachurados.

In natura	Minimamente processados	Processados	Ultraprocessados
Goiaba		Geleia de goiaba	
	Leite		
Espiga de milho			Salgadinho de milho
Carne		Carne seca	

3 Leia o texto a seguir.

Cristina deixou uma lista de compras para o seu filho ir ao supermercado. O que o menino não esperava é que a lista deixada pela mãe era um bilhete enigmático. Veja:

- 1 quilo de proteína minimamente processada em grãos.
- 1 dúzia de proteína minimamente processada originada de uma ave.
- 1 tablete de lipídio, geralmente usado no café da manhã.
- 1/2 quilo de carboidrato in natura.
- 6 unidades de carboidrato processado feito de um tipo de farinha.
- 1 quilo de carboidrato minimamente processado em grãos.
- 2 litros de alimento minimamente processado originado de um mamífero.
- 1 alimento in natura rico em vitaminas, minerais e fibras (este é para a nossa sobremesa e fica `a sua escolha). =D

- Decifre o bilhete deixado por Cristina, reescrevendo os itens da lista de compras.

4 Elabore uma refeição completa e adequada para Marcos e Felipe, usando os alimentos a seguir. Escreva o nome dos alimentos selecionados e justifique a sua resposta.

> **Arroz:** alimento rico em carboidratos, fonte de fibras, vitaminas (principalmente do complexo B) e minerais.
>
> **Feijão:** alimento rico em proteínas, fonte de fibras, vitaminas do complexo B e minerais, como ferro, zinco e cálcio.
>
> **Tomate:** alimento rico em vitaminas e minerais, fonte de fibras.
>
> **Coxa de frango assada:** alimento rico em proteínas, fonte de minerais e vitaminas.
>
> **Polenta:** alimento preparado com farinha de milho. O milho é um alimento rico em carboidratos, fonte de fibras, vitaminas (principalmente do complexo B) e minerais.
>
> **Batata:** alimento rico em carboidratos, fonte de fibras e minerais.
>
> **Beterraba:** alimento rico em vitaminas e minerais, fonte de fibras.
>
> **Alface:** alimento rico em vitaminas e minerais, fonte de fibras.

- Marcos tem 16 anos, vai para a escola na parte da manhã. À tarde, ele treina nos times de vôlei e basquete da escola. Elabore uma refeição balanceada para o almoço de Marcos.

_____

_____

_____

- Felipe tem 16 anos, vai para a escola na parte da manhã e passa a tarde jogando na internet. Atualmente, ele está acima do peso. Elabore uma refeição balanceada para o almoço de Felipe.

_____

_____

_____

5 Preencha o diagrama com os alimentos que podem ser aproveitados integralmente, ou seja, alimentos dos quais podemos aproveitar partes que seriam desperdiçadas. Atenção! Não repita as imagens na mesma linha, nem na mesma coluna.

Escreva o nome desses alimentos.

_____

_____

_____

_____

_____

_____

6 Identifique alguns tipos de problemas decorrentes de distúrbios alimentares, retirando as letras X e Z de cada diagrama e decifrando a palavra. Depois, responda à questão.

B	Z	S
X	E	X
R	Z	E
Z	O	Z
O	X	S
X	P	Z

S	X	O
X	B	Z
A	Z	E
X	D	X
E	Z	D
X	I	Z

_____   _____

a) Quais as possíveis causas desses problemas?

_____

_____

_____

b) Cite outros distúrbios alimentares.

_____

7 Leia as frases e assinale com um **X** somente aquelas que descrevem hábitos que devemos cultivar para cuidar de nossa alimentação.

☐ Dar preferência a alimentos *in natura* ou minimamente processados.

☐ Ficar atento à higiene, lavando bem as mãos antes de todas as refeições, por exemplo.

☐ Tomar água só quando sentir sede.

☐ Usar óleos, gorduras de origem animal, sal e açúcar em pequenas quantidades.

☐ Fazer as refeições assistindo à televisão.

☐ Comer em ambientes apropriados, sem a presença de celulares e aparelhos de televisão ligados, por exemplo.

☐ Consumir alimentos ultraprocessados sempre que possível.

8 Leia o texto sobre as necessidades energéticas de duas pessoas diferentes.

> Felipe tem 12 anos, ele não pratica atividade física e tem um gasto energético diário de 2500 kcal. Gabriel tem a mesma idade de Felipe, porém, joga basquete e tem um gasto energético diário de 2700 kcal.

- Com base na leitura do texto e de seus conhecimentos sobre valor energético, identifique a seguir as frases erradas e reescreva-as, fazendo as correções necessárias.

a) Felipe precisa ingerir mais calorias por dia do que Gabriel, pois seu gasto energético diário é maior.

_____

_____

b) Se Felipe começar a praticar atividades físicas, ele terá o mesmo gasto energético de Gabriel.

_____

_____

9 Observe a representação do sistema digestório.

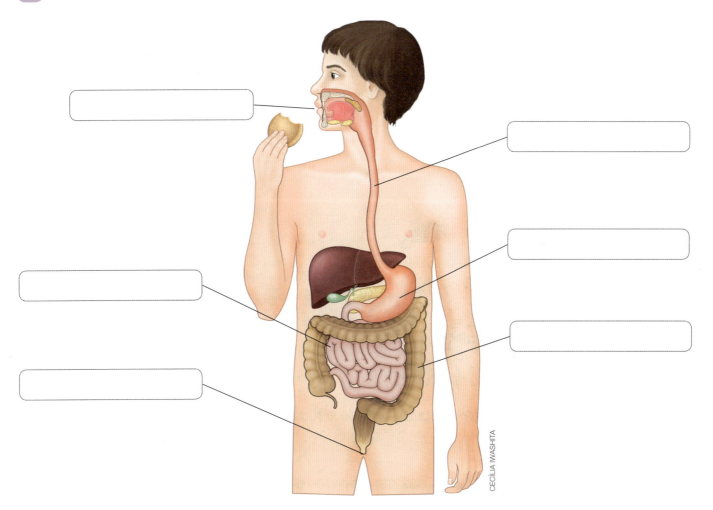

a) Indique no esquema, com os números, as partes do corpo indicadas a seguir.

① Onde começa a digestão.

② Encaminha o bolo alimentar até o estômago.

③ Onde são misturadas substâncias digestivas ao bolo alimentar.

④ Onde ocorre a ação de outras substâncias digestivas e a absorção de nutrientes e água.

⑤ Onde ocorre a formação de fezes.

⑥ Elimina as fezes.

b) Escreva, no esquema, o nome de cada parte do corpo correspondente ao número.

c) Trace, no esquema, o caminho que um alimento ingerido percorrerá no sistema digestório.

10. Observe o conjunto de palavras a seguir.

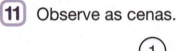

nariz — faringe — laringe — traqueia — brônquios — pulmões

- Qual critério foi utilizado para ordenar essas palavras?

_____

_____

11. Observe as cenas.

a) Numere os movimentos respiratórios de acordo com as cenas.

☐ Inspiração   ☐ Expiração

b) Complete com os números das cenas para relacionar o que acontece com o corpo durante cada movimento respiratório.

☐ O diafragma se contrai, a caixa torácica aumenta de tamanho e os pulmões se enchem de ar.

☐ O diafragma relaxa, a caixa torácica diminui de tamanho e os pulmões se esvaziam de ar, porém, não completamente.

12. Leia o texto e responda.

Trabalhando de forma integrada, os sistemas digestório e respiratório são responsáveis pelo processo de nutrição do corpo. O sistema digestório transforma os alimentos ingeridos em substâncias mais simples, para que o corpo consiga absorvê-las. Por meio do sistema respiratório, o gás oxigênio presente no ar entra no corpo e participa da transformação das substâncias fornecidas pelos alimentos em energia.

- Explique oralmente, com suas palavras, quais são as funções dos sistemas digestório e respiratório.

13 Complete o texto com as palavras do quadro.

> gás oxigênio   vasos sanguíneos   corpo   nutrientes
> gás carbônico   sangue   coração

O _____ transporta _____ e _____ para todas as partes do _____. Ele circula pelo interior dos _____ e é bombeado pelo _____. Esses vasos também recolhem _____ do corpo, eliminando-o para o ambiente.

14 Desenhe, na representação do corpo humano ao lado, o coração e alguns vasos sanguíneos.

- Explique o(s) critério(s) que utilizou para fazer o seu desenho.

_____
_____
_____
_____
_____
_____
_____
_____
_____

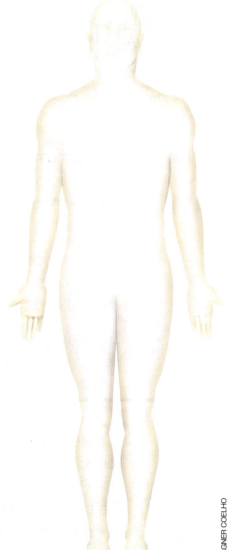

15 Observe a imagem a seguir.

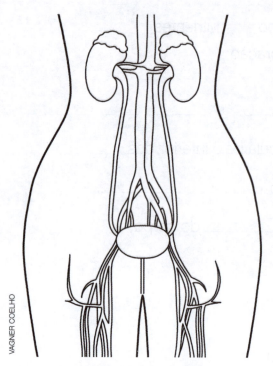

Representação do sistema urinário feminino.

a) Pinte de verde os canais que conduzem a urina dos rins até a bexiga urinária.

• Qual o nome dessas estruturas? _____

b) Pinte de vermelho os órgãos que retiram água e outras substâncias do sangue.

• Qual o nome desses órgãos? _____

c) Pinte de marrom o órgão no qual a urina fica armazenada antes de ser eliminada.

• Qual o nome desse órgão? _____

d) Pinte de amarelo o canal que conduz a urina até o meio externo.

• Qual o nome dessa estrutura? _____

e) Pinte de azul os vasos sanguíneos representados na imagem.

f) Assinale com um **X** a resposta que justifica corretamente a relação entre o funcionamento do sistema circulatório, a distribuição dos nutrientes pelo corpo e o sistema urinário.

☐ Por meio do sistema circulatório, o sangue transporta nutrientes para todas as partes do corpo. Em suas atividades, o corpo produz resíduos. Então, o sistema urinário separa e elimina esses resíduos que estão no sangue que circula pelo corpo.

☐ Em suas atividades, o corpo produz resíduos que não são necessários ao seu funcionamento. Então, o sistema circulatório separa e elimina essas substâncias que estão no sangue que circula pelo corpo, enquanto o sistema urinário transporta nutrientes para todas as partes do corpo.

☐ O sistema circulatório produz resíduos que não são necessários ao funcionamento do corpo. Então, o sistema urinário separa e elimina essas substâncias que estão no sangue que circula pelo corpo. Ele também transporta nutrientes para todas as partes do corpo, por meio do sangue.

16 Leia o texto a seguir e complete-o nos locais indicados.

Imagine que esta é a página de um *blog*. O texto conta sobre as mudanças que acontecem no corpo de meninas e meninos durante a puberdade. Complete o texto de acordo com as orientações.

Mudanças por fora, mudanças por dentro

Muita coisa mudou desde a última vez que escrevi por aqui! Meu corpo está passando por grandes transformações como...

_____

_____

_____

_____

É a tal da puberdade... Na escola, aprendi que a puberdade é o período no qual...

_____

_____

A puberdade marca o início da adolescência. ADOLESCÊNCIA??? Sim, isso mesmo! Estou virando adolescente! Faz muito tempo que eu queria me tornar adolescente... mas, agora, tenho tantas dúvidas!

Já não sou uma criança, mas também não sou adulto! Como isso pode acontecer??? Estou buscando minha própria identidade!

Lá na escola, somente o meu corpo está mostrando essas mudanças. Meus amigos, Bernardo e Manuela ainda não entraram nessa fase. Eles já têm 14 anos e eu ainda tenho 12! Isso me preocupa... mas me disseram que...

_____

_____

_____

43

17 As frases a seguir explicam como ocorre o processo de fecundação. Numere-as na sequência em que ocorrem. A imagem a seguir ilustra esse processo; utilize-a para auxiliar em sua resposta.

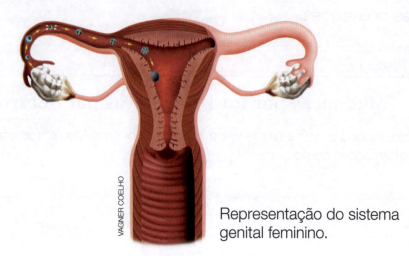

Representação do sistema genital feminino.

☐ Os espermatozoides encontram o óvulo. Se um espermatozoide penetrar o óvulo, ocorrerá a fecundação.

☐ O óvulo é liberado pelo ovário.

☐ Se ocorrer a fecundação, o embrião se fixa na parede do útero e se desenvolverá até formar um bebê.

☐ Os espermatozoides são liberados pelo pênis na vagina.

☐ O óvulo é transportado ao longo da tuba uterina em direção ao útero.

☐ Se não ocorrer a fecundação, a parte interna do útero se descama e o óvulo é eliminado com certa quantidade de sangue. É a menstruação. Se a fecundação ocorrer, deixa de haver a menstruação.

18 Escreva nos quadros as palavras ou expressões correspondentes às definições a seguir. Elas apresentam conceitos relacionados à gestação e ao nascimento.

a) Bolsa cheia de líquido onde fica o feto. _____

b) Transporta substância do corpo da mãe para o feto. _____

c) Protege o feto e possibilita a troca de nutrientes. _____

d) Abriga o feto durante a gravidez. _____

e) Entrada do sistema genital feminino. _____

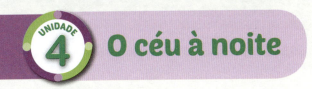

O céu à noite

Lembretes

O Universo
- Fazem parte do Universo: galáxias, estrelas, planetas, satélites, nebulosas, asteroides, cometas, e tudo o que os rodeia.
- A galáxia onde estão o Sol e o planeta onde vivemos chama-se Via Láctea.
- As estrelas são astros que produzem luz e calor.
- O Sistema Solar é formado pelo Sol e por vários astros que giram em torno dele.

As constelações
- Observando as posições das constelações no céu ao longo do ano, alguns povos antigos conseguiam identificar os melhores períodos para as suas atividades, como a caça, a pesca e o plantio.
- As constelações de Escorpião e de Órion são vistas facilmente no céu brasileiro no inverno e verão, respectivamente.

Movimentos da Terra
- A Terra gira em torno de seu próprio eixo. Esse movimento é chamado de rotação e está relacionado à alternância entre dias e noites.
- A Terra gira ao redor do Sol. Esse movimento é chamado de translação.
- A inclinação do eixo terrestre em relação ao plano de sua órbita no movimento de rotação e o movimento de translação estão relacionados à sucessão das estações do ano.

A Lua
- A Lua é o satélite natural da Terra.
- As fases da Lua são: nova, crescente, cheia e minguante.

Instrumentos de observação do céu
- Os instrumentos de observação do céu são importantes para a descoberta de corpos celestes. Exemplos desses instrumentos: luneta, telescópios, telescópios espaciais e sondas espaciais.

Atividades

1 Observe a imagem e descubra que letra pode substituir o ponto de interrogação para formar uma palavra.

a) Qual palavra você formou?

_____

b) Explique o significado dessa palavra em apenas uma frase.

_____

_____

2 Leia o trecho da música a seguir.

Lindo balão azul

[...]
Pegar carona nessa cauda de cometa
Ver a Via Láctea, estrada tão bonita
Brincar de esconde-esconde numa nebulosa
[...]

Guilherme Arantes. Lindo balão azul. In: *Guilherme Arantes ao vivo*. Rio de Janeiro: Sony Music, 2001. Faixa 16.

a) Sublinhe com um traço os astros que fazem parte do Universo.

_____

b) Cite outros astros que fazem parte do Universo, além dos citados no trecho da música.

_____

_____

3 Assinale a resposta correta para cada uma das questões a seguir.

1 Galáxia onde estão o Sol e o planeta onde vivemos.

☐ X. NGC 1566

☐ S. Via Láctea

☐ D. Nebulosa

2 Corpos celestes que produzem luz e calor.

☐ T. Estrelas

☐ P. Via Láctea

☐ Q. Satélites

3 Astros que não produzem luz, apenas refletem a luz emitida por outros astros.

☐ E. Astros luminosos

☐ A. Astros iluminados

☐ V. Astros refletores

4 Única estrela do Sistema Solar.

☐ U. Júpiter

☐ S. Cometa

☐ L. Sol

5 Planeta rochoso mais próximo do Sol.

☐ R. Mercúrio

☐ I. Marte

☐ T. Netuno

6 Planeta gasoso, o maior do Sistema Solar.

☐ O. Saturno

☐ I. Júpiter

☐ U. Urano

a) A seguir, os números em círculos correspondem às questões do exercício anterior. Busque a letra da resposta certa e preencha os respectivos quadros. Descubra, então, quais são as palavras secretas.

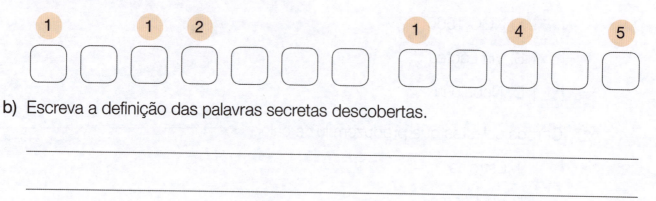

b) Escreva a definição das palavras secretas descobertas.

_____
_____
_____

4. Ligue os pontos e descubra uma das constelações mais fáceis de visualizar no hemisfério sul.

48

a) Qual é o nome dessa constelação?

b) O surgimento dessa constelação no início da noite caracteriza o verão em qual hemisfério?

c) Qual é a constelação que marca o inverno no hemisfério sul?

d) Explique por que as constelações vistas são diferentes em determinadas estações do ano.

e) Como a observação das constelações ao longo do ano auxiliava alguns povos antigos?

5 Qual é o nome do movimento da Terra relacionado à alternância entre dias e noites? Qual é a duração desse movimento?

_____

_____

6 Além de girar em torno de seu próprio eixo, o planeta Terra faz outro movimento. Represente-o na imagem a seguir.

Os elementos da imagem estão fora de proporção. Cores-fantasia.

- Qual é o nome desse movimento? Qual é a sua duração?

_____

7 Assinale com um **X** as frases que completam corretamente a expressão a seguir.

> O movimento de translação...

☐ também é realizado por outros planetas do Sistema Solar.

☐ dos planetas tem diferentes períodos de duração.

☐ tem durações diferentes por causa da distância de cada planeta em relação ao Sol, ou seja, por causa do tamanho da sua órbita.

8 Observe as anotações feitas no calendário.

FEVEREIRO 2016						
DOM	SEG	TER	QUA	QUI	SEX	SÁB
	1	2	3	4	5	6
7	8	9	10	11	12	13
14	15	16	17	18	19	20
21	22	23	24	25	26	27
28	○29	2020-2024-2028				

- Sobre o que você acha que se referem essas anotações? Explique.

_____
_____
_____

9 Complete a tirinha a seguir da seguinte forma:

a) Descreva no balão de fala da avó como é a estação do ano no hemisfério norte, enquanto é verão no hemisfério sul.

b) Explique no balão de fala da menina por que as estações do ano são diferentes nos hemisférios norte e sul.

10 Leia as frases e assinale com um **X** somente aquelas que descrevem as características corretas da Lua.

☐ A Lua é o satélite natural do planeta Terra, ou seja, um corpo celeste que orbita ao redor dele.

☐ A Lua também faz um movimento de rotação, girando em torno de seu próprio eixo.

☐ A Lua é vista da superfície da Terra somente durante à noite.

☐ A Lua aparece para nós sob diferentes aspectos porque muda a sua posição em relação ao Sol.

11 Complete o texto com as informações adequadas.

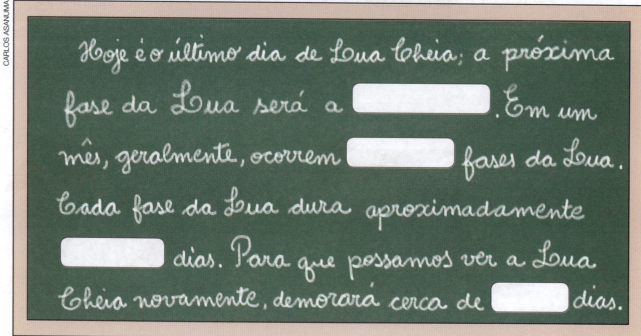

Hoje é o último dia de Lua Cheia; a próxima fase da Lua será a _____. Em um mês, geralmente, ocorrem _____ fases da Lua. Cada fase da Lua dura aproximadamente _____ dias. Para que possamos ver a Lua Cheia novamente, demorará cerca de _____ dias.

12 Observe os conjuntos de imagens a seguir.

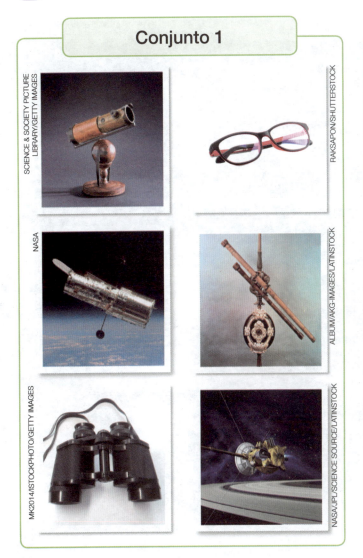
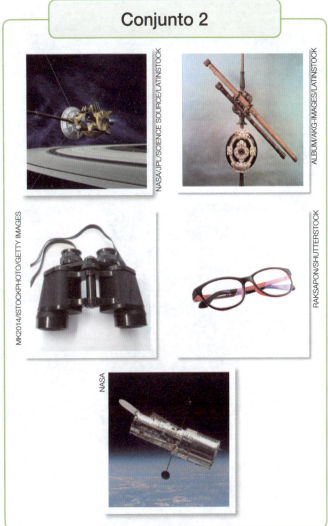

a) Qual instrumento astronômico aparece no primeiro conjunto de imagens e não aparece no segundo?

_____

b) Quais outros instrumentos astronômicos aparecem nos conjuntos de imagens? Quais?

_____

c) Por que instrumentos são importantes para a Ciência?

_____

_____

13 Observe a imagem e leia o texto a seguir.

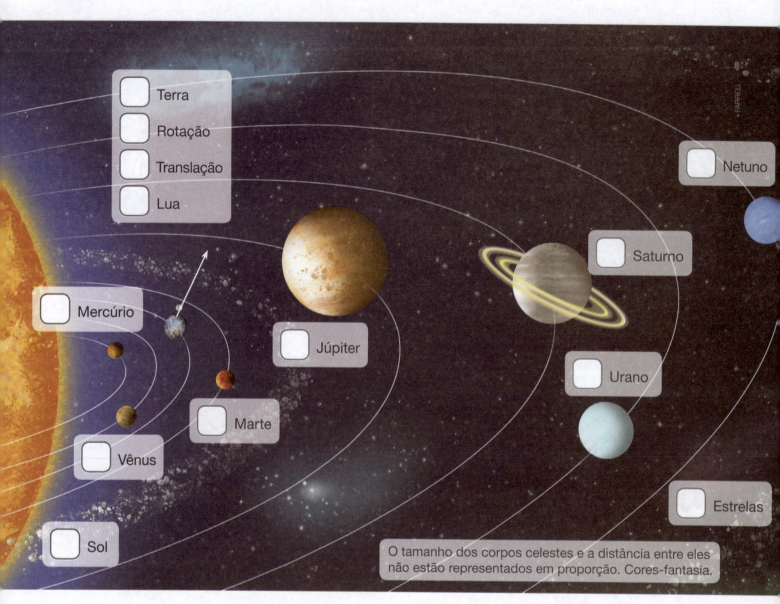

O tamanho dos corpos celestes e a distância entre eles não estão representados em proporção. Cores-fantasia.

a) Imagine que você foi convidado para realizar uma viagem ao espaço. Você está partindo do planeta Terra a bordo de um foguete, viajando a 28 mil quilômetros por hora. Pouco tempo depois do lançamento, você chega a seu destino.

A primeira coisa que você faz é...

Escolha uma das opções.

- Observar a estrela que está mais perto de você. Marque com o número 1 o nome dessa estrela.

- Observar astros luminosos que estão mais distantes do planeta Terra. Marque com o número 1 o nome desses astros.

b) Sua viagem continua! Agora, você está observando os planetas do Sistema Solar. Você ficou encantado com...

Escolha uma das opções.

- O planeta rochoso mais distante do Sol. Marque com o número 2 o nome desse planeta.

- Um planeta gasoso, o terceiro maior planeta do Sistema Solar. Marque com o número 2 o nome desse planeta.

c) Você avança um pouco mais na viagem e consegue ver o planeta Terra, já bem distante. Observando por algum tempo, você percebe:

- Que a Terra gira em torno de seu eixo. Marque com o número 3 o nome desse movimento.

- Que a Terra gira ao redor do Sol. Marque com o número 4 o nome desse movimento.

d) Nesse ponto de sua viagem, você observa algo diferente e logo percebe que...

Escolha uma das opções.

- É o satélite natural da Terra. Marque com o número 5 o nome desse astro.

- É um planeta gasoso que apresenta os anéis mais visíveis do Sistema Solar. Marque com o número 5 o nome desse astro.

e) Agora, complete as lacunas abaixo, conforme suas escolhas ao longo da atividade. E, depois, crie um final para a sua história.

Saí a bordo de um foguete para uma viagem ao espaço. A primeira coisa

que fiz foi observar _____. Depois, observei o planeta

_____ do Sistema Solar. Durante a minha viagem,

também observei o movimento de _____ da Terra.

Passado algum tempo, vi algo diferente: era _____.

Foi então que, _____

_____

_____

_____

14 Observe as figuras a seguir.

a) Agora, procure no diagrama o nome das figuras que você observou.

E	T	U	P	O	U	I	S	M	S
A	B	V	B	N	I	O	E	A	R
T	E	L	E	S	C	O	P	I	O
I	E	S	P	A	C	I	A	L	T
P	L	A	B	C	I	E	A	S	A
S	L	O	L	U	R	W	T	N	Ç
O	E	U	U	M	O	U	A	I	Ã
L	U	A	-	C	H	E	I	A	O

b) Complete as frases a seguir com as palavras do diagrama.

• A órbita é a trajetória dos planetas ao redor do _____.

• O _____ é um instrumento de observação do céu que fica em órbita ao redor da Terra.

• Na _____, toda a face da Lua que está voltada para a Terra fica iluminada.

• O movimento de _____ da Terra dura aproximadamente 24 horas.

56